AF452074

PLAN
DE PLUSIEURS BÂTIMENS DE MER
AVEC LEURS PROPORTIONS
DEDIÉ
A son Altesse Serenissime Monseigneur
Louis Auguste de Bourbon
Duc du Maine et d'Aumale, Prince Souverain de
Dombes, Comte d'Eu, Pair de France, Commandeur
des Ordres du Roy, Maréchal des Camps et Armées
de sa Majesté, Colonel Général des Suisses et Grisons
Gouverneur et Lieutenant Général pour sa Majté
dans ses Provinces du haut et bas Languedoc,
General des Galeres de France, et Lieutenant
General des Mers et Armées de Levant.
Par
Henri Sbonski de Passebon
Ecuier, Lieutenant d'une des
Galeres du Roy.

A son Altesse Serenissime

Monseigneur le Duc du Maine

Monseigneur

L'hommage respectueux que je rends aujourd'huy a Vôtre Altesse Sérénissime en luy présentant ces fruits de mon travail luy est dû indispensablement par toutes sortes de raisons. Ce travail que je luy dedie est un plan de quelques bâtimens de mer, dont le dessein a cela de particulier que les proportions y sont observées avec exactitude ; chose qui n'a pas encore été faite dans les figures de Vaisseaux qui ont été jusqu'icy données au public : Et a qui pourrois-je Monseigneur consacrer un ouvrage de cette nature qu'à un Général des Galeres de France, qui honore cette grande charge bien plus qu'il n'en est honoré.

Que si on regarde ces bâtimens différens comme autant d'instrumens dont le courage des François se sert pour faire des prodiges sous le plus grand Roy qui ait jamais été, ou comme autant de theatres flotans où la valeur et l'intrépidité de nôtre nation paroit avec éclat aux yeux de toute la terre ; à qui puis-je les offrir qu'à un Heros dont le bras triomphant se fait deja ou craindre ou admirer de toute l'Europe, dans un âge où les Heros ordinaires commencent à peine à faire esperer ce qu'ils doivent produire un jour.

Je ne parlerois pas de la sorte Monseigneur ; Car je sai que pour plaire a Vôtre Altesse Sérénissime la chose qu'il faut luy cacher avec le plus de soin c'est sa propre gloire ; mais quand je me tairois la dessus, la bataille de Fleurus et le combat de Leusen en sont des monumens eternels a qui toute vôtre modestie ne sauroit jamais imposer silence.

Qu'il m'est glorieux Monseigneur d'avoir un Protecteur si illustre, et que ne dois-je point à la bonté généreuse de Vôtre Altesse Sérénissime pour m'avoir permis de luy présenter un ouvrage que je n'ay entrepris que pour elle. Il n'est rien que je ne fasse pour me rendre moins indigne que je ne suis de cette bienveillance dont Vôtre Altesse Sérénissime me donne des marques, et dont elle me fait espérer que je verray des effets dans l'occasion.

Mon coeur en est plein de confiance et quoy que j'aye été assez heureux depuis vingt trois ans que j'ay l'honneur d'être officier dans le corps que Vôtre Altesse Serenissime commande, pour rendre a mon Roy quelques services qui n'ont pas été desagreables a sa Majesté, et dont feu Monsieur le Mareschal de Vivonne a bien voulu porter des témoignages avantageux ; je n'appuye pourtant mon espoir sur d'autre fondement que sur la seule protection de Vôtre Altesse Sérénissime ; C'est-elle qui me tient lieu de tout ; et c'est-elle aussi qui m'anime d'un zele qui ne finira qu'avec ma vie pour tout ce qui pourra vous marquer le profond respect et le devoüement entier avec lequel je suis

Monseigneur

De vôtre Altesse Sérénissime

Le tres humble et tres obeissant Serviteur
Sbonski de Passebon.

Le Vice Amiral porte son pavillon au mast de misenne
Le Contre Amiral a l'Artimon
Les chefs d'escadre la cornette au mast de misenne
Le Capitaine Commandant une escadre une flame au grand mast

A Pieces de l'Etambot
B Pieces de l'Etraue
C Le Brion
D Pieces de la quille
E La contre de l'etambot
F Les plattes varangues
G Les varangues acculées
H Les fourcas
I La lisse dessoubs
K Les barres dormantes
L La contlongue
M Les courbatons
N Les vaux
O Les lattes
P Les courbes
Q Les pieds droits
R Lysampas
S Les capestans
T L'endroit où sont les puits
V Escar des estambords
X La poulaine
Y Le taillemer
Z Les escharpes
& La grue
1 Les escoubiers
+ Les galeries

1 Les affuts
2 Les drisses
3 La boulle
4 Le gouvernail
5 La barre du gouvernail
6 Les coschelles
7 Les sabords
8 Longueur de l'estraue a l'estambot
9 Longueur de la quille portant sur terre
5 Lestancement de l'estraue 17 pieds
9 Longueur de l'estraue 37 pieds
12 Queste de l'estambot
13 Hauteur de l'estambot
14 Moité de la largeur du navire au milieu bau
15 Largeur de la lisse dessoubs
16 Le creux
17 Le plat de
12 Hauteur entre deux ponts
19 Hauteur du second
20 Hauteur des deux gaillards
21 Hauteur de la dunette

23 Soute a la poudre
24 Soute au pain
25 Soute a la viande
26 Le Vin
27 Le lard et les boulets
28 La Sentine
29 L'eau et les Voilles
30 Les cables
31 La fosse aux lions
32 La cuisine
33 Les bittes
34 Les braus des ancres
35 Les coschelles
36 La galerie du faux pont
37 Le grand mast
38 Le mast de misenne
39 Le mast de beaupre
40 Le mast d'artimon
41 Le grand hunier
42 Le petit hunier
43 Le grand perroquet
44 Le petit perroquet

45 Le perroquet d'artimon
46 Le perroquet de beaupre
47 La corde d'estroire
48 La grande Vergue
49 Vergue de misene
50 Vergue de beaupre
51 Vergue d'artimon
52 Verg du grand hunier
53 Verg du petit hunier
54 Verg de fougue
55 Verg du grand perroquet
56 Verg du petit perroquet
57 Verg du perroquet d'artimon
58 Verg du perroquet de beaupre
59 Les barres de hunes
60 Les huniers
61 Les Croisettes
62 Les elingoiets
63 Les fanaux
64 Le pavillon d'Amiral
65 Le grand pavillon
66 Le pavillon de beaupre
67 Les girouelles

a Les estais
b Les haubans
c Les galle haubans
d Les escoutes
e Les amures
f Les bras
g Les drisses
h Les boulines
i Les boulineaux
k Les cargues points
l Les cargues bouttes
m Le martinet
n Le grand palan
o Le brelandin
p Les draue de l'avant
q Les vide haubans
r Les poulies
s Le trelingage
t Grand voile
u Voile d'artimon
x Les huniers
y La civadiere
z Les perroquets
Les rides
Ridens de rides

La chaloupe

Coupe d'un Amiral de 104 pieces de Canon avec ses principales proportions et les noms des pieces du dedans

Randon delineavit et sculpsit. Cura Do. de Rossebon Equitis
Vaisseau du premier rang portant pauillon d'Admiral
Marche cum priuilegio Regis

Vaisseau du troisième rang à la Voille

Randon delineavit et sculp. Cum D:° et Privilen Regis.
Mardin cum privilegio Reg
Bruslot a la fonds

Flute Vaisseau de charge a la voile

Galiote à bombe

Polacre a la Voille

Saique batiment dont les Turcs se Servent en leuent pour leur Trafic

Coupe D'vne Galere Avec Ses Proportions

Quille D'vne Galere Surle Chantier

La galere Reale a la fonde

La galère Patronne, à la rame

Galere a la voille portant l'Estendart de chef d'Escadre,

Galeasse a la rame

Galeasse à la voile

Randon delineavit et sculpsit, cura D.ni de Bascebon Equitis
Barque allant vent arriere
Massdia cum privilegio Regis

Tartane de pesche

Randon delineauit et sculpsit, cura D.ni de Pascebon Equitis

Massiliæ cum priuilegio Regis

Brigantin donnant chasse a vne Felouque, et prest alaborder